HIER ET DEMAIN

CONSIDÉRATIONS

SUR

LE TRIOMPHE PROCHAIN DE L'ÉGLISE

ET

LA RÉSURRECTION DE LA FRANCE

PAR

Amédée NICOLAS, avocat.

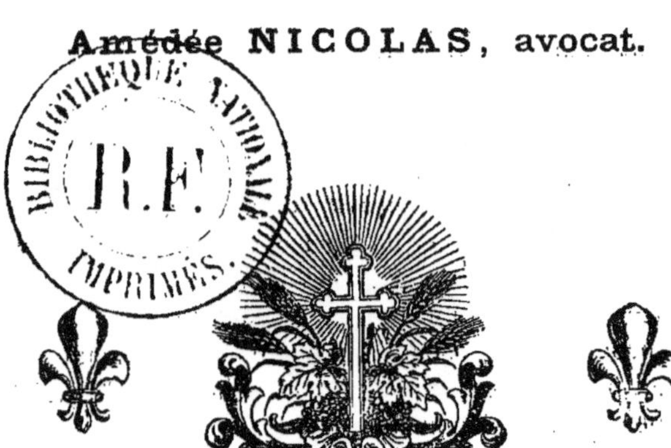

Prix : cinquante centimes.

EN VENTE :

MARSEILLE.

Mᵐᵉ veuve CHAUFFARD, libraire, rue des Feuillants, 20.

M. CRESPIN, libraire, rue Tapis-Vert, 59.

M. MABILY, libraire, allées de Meilhan, 24.

PARIS.

M. VICTOR PALMÉ, libraire-éditeur, rue de Grenelle Saint-Germain, 25.

LYON.

MM. PÉLAGAUD et ROBLOT, libraires-éditeurs, rue Mercière,

1873.

SOMMAIRE :

(I). Etat de l'Eglise et de la France. — (II). Espérances conçues depuis le 24 mai. — (III). Découragement qui a suivi. — (IV). Prières et pèlerinages. — (V). Les ☠ 1 et 2 du chapitre 11° de l'Apocalypse marquent la fin de l'état actuel de l'Eglise et de la France. — (VI). Les supputations de la prédiction d'Orval concordent avec l'Apocalypse pour marquer l'époque de cette fin.— (VII). Il en est de même des révélations de Marie Lataste. — (VIII). Tentatives monarchiques d'octobre. — (IX). Elles n'ont pas été engagées suivant les exigences de la situation. — (X). Discussion des deux principaux points du programme présenté à Mgr le comte de Chambord. — (XI). Comment et pourquoi ces tentatives ont échoué.— (XII). Cet échouement est heureux. — Conclusion.

HIER ET DEMAIN

CONSIDÉRATIONS

SUR

LE TRIOMPHE PROCHAIN DE L'ÉGLISE

ET

LA RÉSURRECTION DE LA FRANCE

(I). L'Eglise et la France sont placées, depuis plus de trois ans, dans le même creuset. Elles souffrent en semble, et paraissent devoir être délivrées en même temps. Quand arrivera cette double délivrance ? Voilà ce que chacun cherche à connaître.

Les hommes qui ne voient pas où on les mène, prennent souvent pour des moyens de salut ce qui est le plus mauvais pour eux. Bien des catholiques adhérèrent au coup de balai du Deux Décembre ; ils se crurent sauvés par Louis-Napoléon et son empire. L'état dans lequel ce dernier a mis l'Eglise et laissé la France leur a appris, une fois de plus, qu'un peuple ne se sauve pas avec des expédients ou en couronnant le crime. Mais cette leçon n'a pas instruit notre nation, et on en voit une bonne partie disposée à se laisser tromper encore.

La proclamation de la République, au 4 Septembre, a été pour l'Eglise et pour nous, une cause nouvelle de maux et de malheurs. L'existence de cette forme de gouvernement dans notre pays étant une provocation à son établissement partout ailleurs, et par conséquent au renversement de tous les trônes, nous étions tout naturellement regardés par les souverains, non-seulement comme un peuple avec lequel on ne pouvait faire alliance, mais de plus, comme des ennemis dont il était nécessaire de diminuer la puissance, afin de les empêcher de nuire. De là la continuation de la guerre, après la chute de

Napoléon III, la perte de deux provinces et de 10 milliards au moins. Si l'on eut rappelé alors le Roi légitime, nous aurions eu des alliés dont l'intervention aurait sauvé notre territoire et notre argent ; et nous aurions pu continuer à forcer l'Italie à observer, à l'égard du Saint-Siége au moins, la convention du 15 Septembre 1864, toute mauvaise qu'elle était.

La République, qui a pour base l'égalité de tous les citoyens, constitue, par là même, un pouvoir faible, sans unité, variable, provisoire, sans influence, qui n'impose guère aux masses à cause du peu d'importance de ceux qui l'exercent en passant, et qui rend possibles et plus faciles les grandes insurrections, telles que celles de 1848 et de 1871. Ces pouvoirs débiles ne peuvent se maintenir qu'avec des lois fort dures qui, pour produire l'ordre dans la rue, sacrifient la sage liberté.

(II). La journée du 24 Mai dernier a été saluée avec bonheur par tous les hommes religieux, parce qu'elle faisait perdre du terrain à ceux qui se posent *franchement* comme des artisans d'impiété et de désordre. Cette journée fut suivie, peu après, de celle du 5 Août qui vit la fin de longues divisions et fit concevoir de grandes espérances. Dès lors il n'y avait plus qu'à rétablir la monarchie traditionnelle et légitime. La majorité de l'Assemblée Nationale constitua une commission pour préparer ce rétablissement. En octobre dernier, on était généralement persuadé que nos représentants allaient enfin s'incliner devant *le droit*, reconnaître *le Roi*, que la France, ayant ainsi brisé les liens de la Révolution, délivrerait, bientôt après, le Souverain-Pontife ; et le mois de Novembre devait voir la résurrection de notre pays.

Cela serait certainement arrivé si la majorité eût été homogène, eût compté des hommes éclairés sur les conditions de la vie d'un peuple, et n'eût pas eu avec elle des amis de la Révolution, portant *un masque conservateur*, qui n'accorderont jamais à l'Eglise et au Roi ce qui leur est nécessaire pour remplir leur mission, et qui se regardent comme de grands politiques, les seuls capables de gouverner, parce qu'ils ont une habileté souterraine et tortueuse qui n'est certes pas une vertu.

Ces hommes sont les grands fléaux de notre nation. Ils gâtent et neutralisent le bien. Tandis que les *Communards* sont de *vrais repoussoirs* (1), les autres séduisent, attirent et font dévoyer les populations

___
(1) C'est Barodet, Ranc et Lockroy qui ont amené le 24 mai.

honnêtes, au moyen de ce qu'ils ont de commun avec elles. Mais comme toute l'habileté humaine ne peut donner de la solidité et de la durée à un édifice sans fondement, que Dieu n'a pas cimenté, ces grands esprits travaillent en vain, et voient bientôt disparaître la faible barraque qu'ils croyaient un palais.

(III) Je n'ai jamais cru que la délivrance si désirée arriverait en novembre. Ma conviction a toujours été qu'elle n'aurait lieu que vers mars et avril de l'année prochaine. Je n'osais pas le dire à tous ceux qui s'entretenaient avec moi sur ce point ; je ne m'en ouvrais qu'avec quelques personnes réfléchies et discrètes, mais je n'ai pas hésité à dire ouvertement, en octobre, que les tentatives monarchiques n'aboutiraient pas.

Les espérances, trop facilement conçues, sont maintenant évanouies. Ceux pour qui elles étaient des certitudes se découragent, n'entrevoient que des nouvelles catastrophes, pensent que les choses ne feront qu'aller de mal en pire jusqu'à la grande persécution de l'antéchrist. Parce qu'ils ont mis leur confiance dans les hommes, et que les hommes leur manquent, ils désepèrent et se résignent, tout comme si leur cause n'était pas celle de Dieu, et si Dieu n'était pas toujours e seul Tout-Puissant.

(IV). On a beaucoup prié et *pèleriné* depuis le milieu de l'année 1872 ; mais, outre que plusieurs pèlerins étaient des touristes à bon marché, les prières provoquées par la crainte et le danger, ont ordinairement quelque chose *d'intéressé et d'egoïste.* Si au lieu de demander à Dieu d'avoir compassion de nous, de nous faire miséricorde, d'abréger et diminuer nos souffranèes, nous l'eussions principalement et avant tout, conjuré d'avoir pitié de sa gloire devant le monde, de la gloire de son Divin Fils, insulté et conspué comme jamais, de la gloire de Marie, qui parcourt en tous sens la France pour la sauver, et de la gloire de la sainte Eglise, nous aurions obtenu plutôt l'objet de nos demandes. Mais, en priant tout premièrement pour nous, nous avons affaibli l'efficacité de nos supplications et de nos œuvres.

Nous sommes les enfants de Dieu. Lorsque nous voyons la plus grande partie de nos frères insulter et blasphémer notre Père et le leur, se moquer de lui, pousser même jusqu'à nier son existence, nous devons, tout d'abord, penser à réparer tant d'outrages, supplier Dieu d'y mettre un terme, de faire que son nom soit universellement sanctifié, que son règne arrive sur la terre, que sa volonté soit faite ici-bas comme elle l'est dans le ciel. En priant ainsi, d'abord pour Dieu, pour nous ensuite, nous serons certainement exaucés, car le divin Maître veut que « nous cherchions premièrement le règne de Dieu et sa justice », et nous a promis que « tout le reste nous serait donné par surcroît. »

(V). J'ai dit que je n'attendais la délivrance que vers mars et avril 1874. Voici les motifs de cette opinion :

Le chapitre 10° de l'Apocalypse me paraît s'appliquer au Concile dit du Vatican, commencé le 8 décembre 1869, que j'entrevoyais, il y a 15 ans, dans un ouvrage que je publiai alors (I). *Le livre ouvert*, dont le contenu doit être prêché *à tous les peuples et à beaucoup de rois* (v. 8 et 11), serait le recueil des décisions conciliaires. Ce livre est *doux à la bouche*, parce qu'il ne renferme que la vérité divine, qui est notre vie, *notre douceur*, notre espérance ; mais il est et sera *amer dans les entrailles* (v. 9), à cause des difficultés que rencontrera son adoption. Les persécutions suscitées de nos jours contre la principale décision du Concile, par les soi-disant *vieux Catholiques*, unis aux gouvernements hérétiques ou impies, prouvent cette *amertume*, et rendent encore plus plausible l'application au Concile du chapitre 10° de saint Jean (v. 10).

Le chapitre 11 de la même prophétie, qui suit immédiatiatement, dépeint d'une manière exacte la situation où se trouve le Saint-Siége depuis le 20 septembre 1870, et marque la fin de cette situation.

Dans les versets 1 et 2 de ce dernier chapitre, il est ordonné à l'Apôtre « de mesurer le temple de Dieu, l'autel et ceux qui y adorent. » Vraisemblablement parce que le peu d'étendue des lieux rendra facile cette opération. Mais il lui est recommandé « de ne pas mesurer le parvis, qui « est en dehors du temple, parce qu'il a été abandonné aux gentils, « (aux ennemis de l'Eglise), qui fouleront aux pieds la ville sainte « pendant 42 mois. »

L'état actuel de la papauté n'a pas jusqu'à présent son pareil dans l'histoire. Il peut se renouveler plus tard, mais il se produit de nos jours pour la première fois. Auparavant on mettait le Pape à mort comme au temps des persécutions romaines ; on le forçait à s'exiler ; lorsqu'on entrait dans Rome par la force, on le faisait prisonnier. on l'éloignait de la Ville Eternelle, en l'envoyant à Valence à Fontainebleau ou ailleurs.

Les envahisseurs d'aujourd'hui n'ont pas imité leurs devanciers. Il ne faut pas leur en savoir gré, car ils n'ont voulu, en agissant ainsi, que

(I) Les conjectures sur les âges de l'Eglise et les derniers temps. Pétagaud, éditeur Lyon.

faire croire à leur mansuétude, et rassurer beaucoup de consciences, qui se contentent de très-peu. Depuis plus de trois ans, ils conservent le Pape dans la cité dont il est le souverain, tout en l'abreuvant d'attentats et d'outrages : *ils l'entourent de tous côtés comme un oiseau pris dans les filets.* Ils le tiennent « renfermé dans *le temple et l'autel* » (Saint-Pierre et le Vatican), dont ils gardent eux-même la place et les portes, et par là ils accomplissent et réalisent, d'une manière exacte et complète, la prophétie de saint Jean.

Mais les désirs des ennemis de l'Eglise périront. Cet asservissement ne sera pas définitif, n'aboutira pas à la destruction du Catholicisme et du Saint-Siége ; il ne sera qu'une épreuve passagère, car il ne durera que quarante-deux mois (*mensibus quadraginta duobus, v. 2*).

Si les quarante-deux mois, partant du 20 septembre 1870, sont solaires, leur fin arrivera vers le 20 mars 1874; s'ils sont lunaires, cette fin aura lieu vers le 17 février prochain ; et ces quarante-deux mois, formant trois ans et demi, sont en parfaite concordance avec les « trois ans et quelque temps encore après ces trois ans » de *Marie-Lataste* (1ʳᵉ édit. 2ᵉ vol. p. 126).

(VI). Il circule, dans le monde, un très-grand nombre de prédictions particulières : je les lis toutes, mais je ne m'y arrête pas, je ne m'appuie que sur celles qui sont contenues dans les livres canoniques ; j'accorde *une foi humaine, aussi forte que possible*, aux annonces de *Marie-Lataste* et à la prophétie *d'Orval*, parce que j'ai pu vérifier son antériorité aux événements prédits, et que j'ai vu leur entière réalisation jusqu'à ce jour. Voyons donc ce que contient, pour notre époque, cette dernière prédiction.

Après la venue et le départ des *maints guerroyers*, il est écrit dans cette pièce : « C'est fait, la Montagne de Dieu, désolée, a crié à Dieu; « les fils de Juda ont crié à Dieu de la terre étrangère, et voilà que « Dieu n'est plus sourd. Quel feu va avec ses flèches. Dix fois six lu- « nes et pas encore six fois dix lunes ont nourri sa colère. Malheur à « toi, grande ville, etc. »

En lisant attentivement la *Lettre Encyclique* du 21 novembre dernier, on reconnait dans elle le *cri poussé vers Dieu de la montagne de Dieu.* Le Saint-Père y déplore les persécutions qui ont lieu en Italie, en Suisse, en Allemagne, en Amérique, dans le monde presque entier. Il atteste lui-même sa profonde désolation en écrivant que « les choses en sont venues à ce point que la mort même semble « préferable à une vie bouleversée par tant d'orages ; qu'il vaudrait « mieux pour lui mourir que de voir les maux des saints. » Il implore, comme seul moyen de salut, le secours Divin, parce que tous les autres lui manquent, par la faiblesse des amis, et la ligue hostile de tous les puissants ; il supplie le Très-Haut, qui a fait des promesses à son Eglise, « de se lever *enfin* dans sa miséricorde, de commander aux « vents, de faire la tranquillité, » et par ce mot *enfin,* qui ressemble presque à un reproche, il constate que Dieu paraissait depuis long-temps sourd aux prières des siens. D'autre part, ce cri vers Dieu des fils de Juda, c'est-à-dire, des princes légitimes dépossèdés, poussé après celui de la Montagne de Dieu, et de la terre étrangère, indique que, eux aussi, ont perdu tout espoir humain ; et cela concorde très bien encore avec les événements dont nous sommes les témoins, avec la disparition des espérances de restauration française et européenne que les tentatives d'octobre avaient fait concevoir. Il est donc aussi vraisemblable que possible, que nous sommes arrivés à ce point : « c'est « fait. La Montagne de Dieu désolée a crié à Dieu ; les fils de Juda « ont crié à Dieu de la terre étrangère », et que Dieu, cessant de *paraître sourd,* va agir parce que les hommes sont reconnus im-puissants.

La colère de Dieu, provoquée depuis longtemps, s'est *nourrie,* et accrue par conséquent, pendant dix fois six lunes, et pas encore six fois dix lunes, toutes antérieures au cri de la Montagne de Dieu et des fils de Juda. Mais comme les années lunaires sont moins longues que les solaires, que la différence en moins est d'environ quatre mois pour dix ans, et que les dix années solaires, partant de la convention du 15 septembre 1864, faite pour livrer peu à peu Rome à la révolution, sans trop faire crier, finiraient le 15 septembre 1874, il s'ensuit que les dix ans lunaires ont pour limite extrême le 15 mai prochain ; et comme, d'autre part, ces dix années lunaires ne doivent pas être achevées (dix fois six lunes et *pas encore* six fois dix lunes) lorsque Dieu ne sera plus *sourd,* et que son bras frappera les méchants, il convient d'abréger encore de quelques mois, de cinq environ (1/2 des dix dernières lunes), et nous arrivons à voir que les événements qui doivent amener la délivrance de l'Eglise et de la France, commence-ront tout prochainement, peut-être même en décembre, pour finir quelques mois après, c'est-à-dire aux époques marquées par l'Apoca-lypse et les révélations de Marie-Lataste.

(VII). La proclamation de l'Immaculée-Conception de la sainte Vier-ge, comme dogme de foi, a été faite, comme on sait, le 8 décembre 1854, c'est-à-dire depuis dix-neuf ans solaires, ou soit un cycle lunaire.

Marie-Lataste avait écrit sous la dictée du Divin Maître, à la suite de l'annonce de cette proclamation : « L'affliction viendra sur la « terre, l'oppression régnera dans la cité que j'aime, et où j'ai laissé « mon cœur, elle sera dans la tristesse et *la désolation*: elle sera « environnée d'ennemis de tous côtés, comme un oiseau pris dans les « filets : cette cité paraîtra succomber pendant trois ans, et un peu de « temps encore après ces trois ans. »

Contrairement à ces paroles si bien réalisées par les faits, on s'attendait généralement à ce que cet hommage suprême décerné par la terre à Marie serait immédiatement suivi de l'expansion de très-grandes grâces et d'une paix profonde et sainte.

Cette attente, presque universelle, a été déçue. C'est dans ce même mois de décembre 1854 qu'ont été ourdies les premières intrigues et conspirations qui devaient transformer la grenouille du petit Piémont en un gros bœuf de l'Italie, aboutir à l'unité de la Péninsule sous le sceptre de Victor-Emmanuel, et faire disparaître, par cette unité, le pouvoir temporel et l'indépendance de la papauté. Je pourrais en donner les preuves, si j'avais ici le temps et l'espace. Depuis lors les démons de l'enfer et ceux de la terre ont, de concert, rugi contre Marie, le Saint-Siége, le catholicisme et les fidèles ; ils ont fait tous leurs efforts pour enlever toute efficacité aux actes nombreux qui ont signalé l'action de la Mère de Dieu, à la Salette, à Lourdes, au Pontmain, en Alsace et Lorraine et en plusieurs autres lieux ; ils ont tendu des embûches et des empêchements au talon de celle qui est et sera toujours la toute-puissance suppliante ; et, libres dans leurs attentats, appuyés par presque tous les souverains et les pouvoirs de l'Europe, — ligués contre le Seigneur et contre son Christ, ils ont mis l'Eglise et la société toute entière dans l'affreux état où nous les voyons.

Mais il y a un terme à tout en ce bas-monde, et nous possédons les divines promesses. A un cycle de crimes, d'impiété, de blasphèmes, de sacriléges, qui a fini le 8 décembre 1873, succédera un cycle nouveau, le cycle de Marie, la Reine du ciel et de la terre, de l'Eglise et de la France, et ce cycle me paraît s'ouvrir aujourd'hui même. Bientôt donc s'accompliront ces paroles du Sauveur à Marie Lataste : « Ma mère « descendra dans cette cité : elle prendra les mains du vieillard qui « siége sur un trône, et lui dira : Voici l'heure, lève-toi, regarde tes « ennemis, je les fais disparaître les uns après les autres, et ils dis- « paraissent pour toujours ; tu m'as rendu gloire au ciel et sur la terre, « je veux te rendre gloire au ciel et sur la terre, etc. »

(VII). J'ai parlé des tentatives monarchiques faites en octobre dernier. Il faut savoir pourquoi elles n'ont pas abouti, et si leur échouement est heureux ou malheureux.

La France et l'Europe sont travaillées d'un grand mal depuis 89 et 1830. A partir de ces deux époques, les hommes *ont* « transgressé les lois, *changé le droit,* dissipé l'alliance éternelle. » (Isaïe. ch. 24.,v.5). Pour cette cause, la malédiction a dévoré notre terre, et les châtiments, au lieu de convertir les cœurs, n'ont fait que les rendre plus pécheurs et plus coupables *(Propterea maledictio vorabit terram et peccabunt habitatores ejus,* Ibid., v. 6).

Nous ne pouvons donc nous sauver qu'en retournant à l'observation des lois, en renouant notre ancienne alliance avec la divinité, en repoussant le *droit nouveau* des tyrannies, des usurpations, des expédients, des faits accomplis qui se prétendent le *droit*, parce qu'à leurs leurs yeux, en fait de pouvoir, *la possession vaut titre*, comme pour les *meubles*, en revenant au *droit véritable*, en sorte que la *France nouvelle* soit réellement la continuation de *l'ancienne*, dont la constitution était si forte, qu'elle avait duré pendant quatorze siècles.

Nous n'avions donc qu'à nous incliner devant le *droit* personnifié dans le prince le plus honnête et le plus loyal du monde, et qui se continuait dans ses héritiers, qu'à le reconnaître comme étant, par sa naissance, notre seul souverain légitime. Nous n'avions pas à demander son programme, car il nous l'avait plusieurs donné lui-même, en indiquant l'extrême limite que son honneur et sa conscience ne lui permettraient jamais de dépasser. Devant réparer, réconcilier ce qui était profondément divisé, reconstruire la France au milieu des ruines amoncelées par la révolution et par chacune de nos nombreuses commotions, il avait besoin d'avoir de l'initiative, une certaine latitude, et de n'être pas *emmailloté* dès le jour où il prendrait possession du pouvoir.

(IX). Nos hommes d'Etat n'ont pas compris ces choses et les exigences de la situation : ils sentaient le mal ; ils voulaient le remède, mais pas tel que le médecin l'indiquerait. Comdamnerais-je ces politiques pour cela ? Beaucoup d'entre eux sont animés, je le sais, d'excellentes intentions ; mais un peuple ne vit pas des bonnes intentions de ceux qui le gouvernent. Plusieurs, ayant servi divers expédients et régimes, ont, dans cette souplesse de leur épine dorsale, perdu la notion du pouvoir égitime, et ne voient dans une restauration qu'un remède d'occasion aux maux actuels du pays. D'autres, secoués par tant d'orages, ne distinguent plus la vérité de l'erreur, le bien du mal, le droit du simple fait ; ils ne savent ni ce qu'ils pensent, ni ce qu'ils doivent penser. Ces hommes sont certainement excusables, parce qu'ils ont éprouvé, subi, et non voulu les révolutions. Mais leurs idées et leurs pratiques de gouvernement sont mauvaises et condamnables ; puis, par suite de leur manque, presque complet, de perspicacité, ils se laissent trop facilement conduire par des *habiles* qui eux, ne sont pas de bonne foi, et veulent perpétuer la révolution, soit pour elle-même, soit pour s'assurer la possession du pouvoir. Cela dit sur les hommes, je passe au programme présenté à M⁣ˢʳ le comte dé Chambord.

(**X**). Ce programme pose tout d'abord que c'est à la monarchie traditionnelle (et non constitutionnelle ou conventionnelle) que l'on veut revenir. Par là il est excellent, mais il ne tarde pas à devenir mauvais en donnant pour principales bases, à cette monarchie, l'*inviolabilité* de la personne du roi, et, comme conséquence de cette inviolabilité, la *responsabilité* des ministres (1). Nos hommes d'Etat ne se sont pas aperçus qu'en rapprochant ces deux choses, en faisant de la *seconde* le contre-poids de la *première*, ils rétablissaient la maxime révolutionnaire du *petit bourgeois :* « Le roi règne et ne gouverne pas, » et qu'ils faisaient d'Henri V ce qu'il ne veut pas être, savoir : *le roi légitime de la révolution* (2).

La chose est cependant évidente pour tout homme qui a le sens droit.

Si le roi est *inviolable*, il n'est pas *responsable*, tandis que ses ministres le sont Or, celui qui répond de ses actes, qui peut être exposé pour les avoir faits, doit avoir des moyens d'échapper, s'il le peut, à cette responsabilité, car plus on a d'obligation et de charge, plus on doit avoir de pouvoir et de liberté d'action. Il ne pourra obtenir ce résultat qu'en *gouvernant ;* en sorte que, par le fait même, par la force des choses, il réduira le souverain au rôle très-effacé d'un simple président héréditaire de République ; et en effet, c'est de sa responsabilité comme président que Louis-Napoléon a induit pour lui le droit de prendre ses ministres en dehors de la majorité, en dehors même de l'Assemblée, le moyen de faire son coup d'Etat ; et c'est cette même responsabilité comme empereur qui lui a fait s'arroger tous les pou-

---

(1) Un journal a distingué la responsabilité des ministres de la responsabilité ministérielle. Je crois qu'il abandonnera cette distinction.

(2) Je ne fais ici que discuter, à grands traits, le programme de la Commission des Neuf. Si j'avais à en présenter un, je dirais comment et devant qui sont responsables et le roi lui-même et ses ministres.

voirs (1). Donc, tout en voulant restaurer la société française, on ne faisait que la replacer sous le régime de la révolution, en établissant une sorte de *roi-véto* qui, ayant le droit et le devoir d'empêcher le mal, d'encourager et propager le bien, ne le pourrait pas en réalité, et se serait trouvé dans la suprême alternative de faire exécuter des lois mauvaises à ses yeux, ou de se démettre en [provoquant une révolution nouvelle.

L'histoire contemporaine nous dit hautement ce que vaut l'*inviolabilité royale* accolée à la *responsabilité ministérielle*. Cette inviolabilité a été bien souvent écrite sur le papier; mais. c'est là tout, et elle n'a jamais été respectée dans les moments et les cas pour lesquels seuls elle était faite. Louis XVI, roi constitutionnel, était *inviolable*, il ne répondait de rien, et il a été *responsable* sur sa tête qui a roulé sur l'échafaud. Charles X était *inviolable*, et en l'exilant on l'a rendu *responsable*, en même temps que ses *ministres*, qui devaient l'être seuls. Louis-Philippe était dans la même situation, quant à ce, il a répondu aussi par son expulsion. Ses ministres, *seuls responsables*, ont été épargnés, peut'être parce qu'ils appartenaient à la révolution; et les deux Napoléon, qui étaient et se déclaraient eux-mêmes responsables, n'ont pas été renversés par la nation, mais par l'étranger.

La religion et la conscience ne peuvent souffrir cette irresponsabilité du roi lorsqu'il sanctionne et fait exécuter des lois mauvaises, inspirées ou acceptées par les ministres et votées par les Chambres. Un homme sans foi ni loi pourrait être satisfait d'un pareil rôle: mais un souverain catholique ne s'y résoudra jamais. Si au dernier jour, celui qui juge les vivants et les morts lui demande pourquoi il a approuvé et mis à exécution de pareilles lois. il n'opposera jamais qu'il était *irresponsable* d'après la constitution humaine, que ses ministres seuls ont à en répondre, car il saurait d'avance qu'une telle défense ne serait jamais admise par le divin Tribunal.

Je n'entre pas, comme on le voit. dans les détails du programme des négociations et des compte-rendus. Je ne prends que les grandes lignes, et crois devoir présenter une nouvelle et dernière observation.

On a demandé des *garanties* au Roi que l'on voulait rappeler comme un moyen de salut national, dont la France a un grand besoin pour se relever, soit à l'intérieur, soit à l'extérieur, et qui s'était expliqué déjà sur tous les points.

____

(1) Un roi constitutionnel qui règne et ne gouverne pas n'est pas un roi, car il ne régit pas (*rex* vient de *regere*) son peuple

Ainsi, tandis qu'on n'avait pas songé à prendre des *garanties* contre
M. Thiers, qui s'est joué constamment de la majorité qui l'avait porté
au pouvoir, s'était engagé envers les adversaires de cette majorité, un
mois à peine après son élévation, qui lui avait fait subir, en la mena-
çant de se demettre, toutes ses volontés, même ses caprices ; tandis
qu'on n'en avait point exigé du maréchal-président, que l'on savait
homme d'honneur et de devoir, on voulait en stipuler avec celui qui
les avait toutes données d'avance, et qui seul avait le droit d'en demander
à une nation, qui le réclamait par besoin, après l'avoir chassé depuis
quarante-trois ans, avoir violé à son égard le pacte fondamental, et
s'être livrée, dans cet intervalle, à toutes les extravagances, à tous
les ébats politiques possibles !

Demander, en cet état, des *garanties*, c'était *une défiance injurieuse*
pour Mᵍʳ le Comte de Chambord. Mais ce qui est le plus renversant,
c'est le caractère de ces *garanties*.

Les *garanties* que l'on voulait prendre contre le Souverain légitime
consistaient en ce qui *forme le droit public actuel des Français.* Ce droit
public actuel n'était et ne pouvait être que celui qui nous régit depuis
que nous sommes en révolution, et qui en est issu comme l'effet naît
de sa cause, celui par conséquent qui est le *poison* dont notre France
est malade et se meurt, celui qui nous a précipités au fond d'un abime,
et qui nous fera partager le sort de la Pologne, si nous ne parvenons
pas à nous en débarrasser. *Et l'on voit des hommes sensés vouloir
sérieusement que le poison soit le remède !!!* on fait de l'homœopa-
thie en médecine. On y administre le poison en des *infiniments petits*
qui ne sauraient nuire, et peuvent être salutaires à cause de leur exi-
guité; mais vouloir qu'une nation *avale d'un coup la fiole empoisonnée
toute entière :* C'est de la déraison, si l'on ne comprend pas ; c'est un
crime, si l'on comprend !

(XI) Dans les tentatives monarchiques qui ont eu lieu, les hommes
qui s'y sont trouvés mêlés, d'une manière directe ou indirecte, agis-
saient de bonne foi ; mais ils étaient conduits, sans s'en douter, par les
habiles, cachés derrière le rideau, et qui doivent s'être tenus à peu
près ce langage : « Le courant, la force des choses, l'état précaire et
« malheureux de notre pays, poussent le peuple vers la monarchie
« traditionnelle. Si cette monarchie arrive telle qu'elle doit être, nous
« ne serons plus rien, et nous voulons être, si non tout, au moins quel-
« que chose. Nous ne pouvons nous poser ouvertement contre ces ten-
« dances, car nous serions brisés comme l'homme à *l'âme fière.* Mais
« nous les suivrons à l'extérieur, en apparence, afin que l'on ne se

« défie pas de nous. En cet état nous manœuvrerons de manière à res-
« ter toujours debout quoi qu'il arrive. Si Henri a de l'ambition et
« tient à regner, il devra subir notre joug, nous donner des garanties,
« maintenir les institutions révolutionnaires mitigées qui fontnotre
« importance, adopter le drapeau de la révolution, rengaîner toutes
« ses déclarations antérieures, revenir sur sa parole, se désho-
« norer, s'annihiler. S'il ne se résout pas à subir ces conditions, nous
« le rendrons par là impossible ; nous ferons même retomber sur son
« refus, et par conséquent sur lui, et sur lui seul, la responsabilité de
« tous les maux et de tous les malheurs que le pays aura à subir en-
« core. Si nous ne trouvons pas dans la branche cadette des princes
« faciles et complaisants, nous établirons, à l'exemple du petit homme
« d'état, qui n'est qu'un enfant parce qu'il n'est pas doctrinaire,
« une bonne *république conservatrice*, que nous soutiendrons par des
« lois extrêmement dures. »

Voilà ce que se seront dit les hommes qui ont conduit toute l'in-
trigue. La promptitude avec laquelle on s'est porté, ou a été poussé
vers la présidence décennale, la grossièreté et la haute inconvenance qui
se révèlent forcément dans cette *volte-face* opérée dans les 24 heures qui
ont suivi la connaissance de la lettre Royale du 27 octobre, sans qu'on
ait songé à gazer la chose, à envoyer, fût-ce même seulement pour la
forme, un émissaire pour demander quelques explications, et savoir
s'il y avait réellement impossibilité de s'entendre, prouvent que le cal-
cul de nos révolutionnaires conservateurs était bien celui que je viens
de signaler. Evidemment *les hautes sectes de la révolution* avaient
passé par là, principalement parce que *le Roi légitime était, avant tout,*
le fils aîné de l'Eglise Catholique, le Roi très-chrétien, et qu'il n'aurait
pas laissé gémir sa mère dans le fond d'une prison (1).

(XII) Il est donc très-heureux pour l'Eglise, la France et l'Europe
que le Sauveur reservé par le ciel ait repoussé le démon tentateur qui
lui disait, comme au divin maître: « Je te donnerai toutes ces choses, si
« tu tombes à mes pieds et m'adores. » Son règne effectif sera un peu
retardé, mais il arrivera certainement et surement. Notre Henri, que
la France peut montrer, avec un légitime orgueil, à toutes les nations,
comme le modèle des hommes et des souverains, montera sur son
trône, libre de toute influence délétère ; il pourra réaliser ainsi les
grandes espérances qui reposent sur lui. Il sera tout-puissant pour

(1) Nos habiles voient dans le suffrage universel la cause de tout le mal, tout comme
si les électeurs à 300 et 200 fr. n'avaient pas provoqué les révolutions de 1830 et de
1848. Ce qui fait les révolutions, c'est le défaut de religion !

le bien, parce que le Très-Haut aura posé sur son épaule la clef de David, au moyen de laquelle il fermera la porte du mal sans que personne puisse l'ouvrir, et ouvrira la porte du bien sans que nul ne puisse la fermer. (Isaïe, ch. 22. V. 20 à 25. Apoc. ch. 3. v. 7. 8).

Quels seront le mois, le jour de son intronisation? Je ne saurais le dire au juste. Mais il me semble qu'elle précèdera ou suivra de très-près la délivrance et le triomphe de l'Eglise.

Ayons donc encore un peu de patience : armons-nous d'une foi robuste pour passer le nouveau Rubicon ; et surtout prions beaucoup et sans cesse Celui qui commande aux vents et calme la tempête.

Marseille, 8 décembre 1873, fête de *l'Immaculée-Conception.*

A. NICOLAS.

OUVRAGES DU MÊME AUTEUR :

Manuel du partage des successions, 1855.

La Salette devant la Raison et le Devoir d'un Cathoque, — 2° édition, 1837. Pélagaud, Lyon.

Le Rosaire en méditations, 1858. Pélagaud, Lyon.

Les Conjectures sur les âges de l'Eglise et les derniers temps, 1858. Pélagaud, Lyon.

Renan et sa Vie de Jésus sous les rapports moral, légal et littéraire, 1864. Sarlit, Paris.

L'Esprit de l'opposition au miracle de la Salette, premier supplément à *la Salette devant la Raison et le devoir d'un Catholique.* 1866. — Chez l'auteur.

Les Prédictions modernes. — *La Prédiction d'Orval.* 1re partie. 1871. — Chez l'auteur.

Les Prédictions modernes (2° partie). Procédés et doctrines de ceux qui les repoussent, avec l'exposition des principales erreurs de notre temps, et un appendice à l'appui de *la Prédiction d'Orval.* Décembre 1871. — Chez l'auteur.

Marseille. — Typographie Marius OLIVE, rue Sainte, 39.

www.ingramcontent.com/pod-product-compliance
Lightning Source LLC
Chambersburg PA
CBHW071640030726
47598CB00005B/1950